Ewald Harndt
Französisches im Berliner Jargon

-akeit *arles heit

to, day
seler, you are wondering
hope than we sha
many occasions to
again. Thank you
for very much.

Karen
15.3.83

Was man „Berliner Schnauze" nennt,
Enthält manch fremdes Element.
Es hat uns Eigenart verliehn
Und macht Berlin erst zu Berlin.

Ewald Harndt

Französisches
im Berliner Jargon

 Stapp Verlag Berlin

Bildnachweis:
Mit freundlicher Genehmigung der Kunstbibliothek Preußischer Kulturbesitz Berlin, Seite 14, 33, 36, 45, 51
des Berlin-Museums, Seite 18, 22, 59
des Fackelträger-Verlages, Seite 10

Umschlaggestaltung: Rudolf Flämig
5. veränderte Auflage
ISBN 3 87776 4037
Gesamtherstellung Color-Druck G. Baucke, Berlin
© Stapp Verlag Wolfgang Stapp, Berlin 1982

Vorwort

Die hier vorliegenden Ausführungen wurden z. T. bereits in den „Berlinischen Notizen", einer „Zeitschrift des Vereins der Freunde und Förderer des Berlin Museums", veröffentlicht. Das dort abgehandelte Thema fand so reges Interesse, daß die verkäuflichen Hefte sehr schnell vergriffen waren und eine stetige Nachfrage einen Neudruck zu rechtfertigen scheint. Überdies hatte der besondere Stil und der Umfang der Vereinszeitung gewisse Rücksichten erfordert. So erscheint die Niederschrift hier erweitert, mit den erforderlichen Literaturhinweisen und mit erläuternden Bemerkungen versehen. Auch werden durch die Beigabe einiger zeitgebundener Abbildungen die Erörterungen ergänzt, um die chronologische Einordnung der verschiedenen sprachlichen Einwirkungen zu erleichtern.

Juli 1977

Der überaus schnelle Absatz der vier ersten Ausgaben des Büchleins (1977, 1978, 1979) und die anhaltenden Leserwünsche begründen eine weitere, fünfte Auflage. Sie gibt zugleich Gelegenheit zu einigen zusätzlichen Ausführungen und Berichtigungen.

Sommer 1981

Berlinerisch

Wenn hier einiges über die Umgangssprache der Berliner mitgeteilt wird, so glaube ich, das Original-Berlinerische durch lebenslange Bindungen an meine Vaterstadt so zu beherrschen, daß ich auch über einige ihrer Besonderheiten zu urteilen vermag. Man lernt die Sprechweise nicht in der Schule, kaum im Elternhaus, vielmehr nimmt man sie auf der Straße im Umgang mit den Spielgefährten und im öffentlichen Verkehr beiläufig auf. In allen Teilen unseres Landes entwickelt sich auch heute noch die Jugend unter dem Einfluß einer ortsgebundenen Mundart, der sie sich nicht entziehen kann, auch wenn ungestüme Schulmeister die Schriftsprache zur Umgangssprache erheben wollen. Selbst in der unsteten Berliner Bevölkerung erbt sich der Heimatdialekt, wenn auch beständig abgewandelt, noch immer fort. Dabei bin ich mir durchaus bewußt, daß „berlinan"[1] im allgemeinen verpönt ist, es gilt als die Sprache der Gosse; man wird sozial abgewertet und als ungebildet abgestempelt, wenn man es, gewollt oder unbewußt, als Mundart gebraucht. Immerhin wurde es von anerkannten Persönlichkeiten gesprochen, wie z. B. von Gottfried Schadow, Friedrich Zelter, Carl Fürstenberg, Max Liebermann, Paul Lincke, Heinrich Zille. Zugestanden, es mag grobschlächtig klingen, aber es ist, so meine ich, durchaus nicht schlechter als andere deutsche Idiome: Bayerisch, sächsisch, schwäbisch oder kölnisch und hamburgisch erscheinen mir keineswegs wohlklingender und leichter verständlich. Mir jedenfalls gibt kein Geringerer als Goethe den Mut zu meinen Ausführungen, da er dem Dialekt als Umgangssprache viel Sympathie entgegenbrachte[2]) und unter anderem auch feststellte: „Die Berliner Sprachverderber sind eben doch auch zugleich diejenigen, in denen noch eine nationelle Sprachentwicklung bemerkbar ist."[3]).

Berlin hat im Laufe seiner mehr als siebenhundertjährigen Geschichte eine durchaus eigenständige Mundart entwickelt. Sie ist keine reguläre, charakteristische Abwandlung des Hochdeutschen, sondern hat in ihrem niederdeutschen Kern, des märkischen Platt, ein gut Teil fremdländischer Wörter und Redewendungen in sich aufgenommen: so z. B. aus dem Polnischen Großkotz, Kabache, Pachulke, Penunze, Pomade, dalli; aus dem Jiddischen stammen Ausdrücke wie Daffke, Dalles, Geseires, Jontef, Kaschemme, mauscheln, Massel, meschugge, Mischpoche, Ramsch, Schmu, Zores, ausbaldowern, beseibern, beschickern, schnorren, schofel u.v.a.; aus dem

Lateinischen Animus, Lokus, Moneten, Palaver, Pelle, Pulle, Tempo, famos, fatal, intus, kapieren, kolossal, simulieren usw. Weit mehr aber noch wurden Entlehnungen aus der französischen Sprache zum festen Bestandteil des Berlinerischen. Weist man den Ortsfremden auf diesen Sachverhalt hin, lächelt er zweifelnd. Und doch enthält die Feststellung keineswegs eine anmaßende Übertreibung, wenn man auch natürlich nicht das elegante Französisch in der zwanglosdrastischen Berliner Mundart wiederfinden wird.

So entwickelte sich aus einem Gemisch von örtlicher Mundart mit fremdländischen Wörtern und Floskeln, vorwiegend im Anfang des 19. Jahrhunderts, eine bodenständige, natürlich gewachsene Volkssprache mit einem Gepräge, das gerade durch die Auswahl, Aufnahme und Anwendung fremder Begriffe charakterisiert ist und darin auch ganz bestimmte geschichtliche Abschnitte der Stadt erkennen läßt.

Man mag darüber streiten, ob das Berlinerische als Dialekt[4]), bzw. als lokale mundartliche Volkssprache, als „Weltstadt-Idiom"[5]), als Slang oder als Jargon, d. h. als verdorbene, fehlerhafte Sonder-, Verkehrs- und Mischsprache[6]) eines milieugebundenen Kreises ein-

„Dein Kostüm is totschick, (*tout chic*) det Tricot (*le tricot*)
zeigt Deine Konjucturen (*contour*) janz jenau". „Ja, et is
injeloofen – ick hätte nich sollen ins Wasser jehen". Aus
Heinrich Zille „Ein Milljöh" 1910 (*milieu*)

10

zuordnen ist. Für den Nichtberliner gilt es miß-
fällig als Jargon, dann aber ist es zumindest ein
Jargon mit einem volkskundlichen Herkom-
men. Eine Umgangssprache übernimmt gar
leicht fremde Wörter und unterliegt damit den
regellosen Eigenheiten des Jargons. Ich habe
mich, wenn auch sprachwissenschaftlich an-
fechtbar, im Titel bewußt für Jargon entschie-
den, wegen des französischen Ursprungs dieses
Ausdrucks und damit auch wegen seiner Beziehung zum abzuhandelnden Thema. Schließlich spricht auch Fontane vom „Jargon unserer
Hauptstadt"[7]), und Willibald Alexis bezeichnet
die Berliner Sprache als „Jargon aus verdorbe-
nem Plattdeutsch und allem Kehricht der hö-
heren Gesellschaftssprache"[8]).

Der auffallend häufige Gebrauch französischer Wendungen in dem Berliner Stadtidiom hat seinen Grund zunächst in der Tatsache, daß im 17. und 18. Jahrhundert an den deutschen Fürstenhöfen, entsprechend der politischen und kulturellen Vorherrschaft Frankreichs, vorwiegend, zuweilen sogar ausschließlich, Französisch gesprochen wurde; es war für Europa die Sprache der internationalen Verständigung. Vom Großen Kurfürsten bis hin zu Friedrich Wilhelm III., d. h. zweihundert Jahre lang, war es am Berliner Hof führend. Der erste preußische König, Friedrich I., und seine Gemahlin, Sophie Charlotte, sprachen ausschließlich Französisch. Auch ihre Nachfolger, der Soldatenkönig Friedrich Wilhelm I. und sein Sohn, Friedrich der Große, beherrschten die deutsche Schriftsprache bzw. deren Grammatik und Orthographie kaum. Wenn sie sich nicht des Französischen bedienten, benutzten sie allenfalls ein gewisses Berlinerisch. Jedenfalls war Nieder-, später Hochdeutsch lediglich Kanzleisprache, und auch diese war dann immer noch vielfach mit französischen Wörtern durchsetzt.

Als Beispiel ein „Decret" Friedrichs I.: „Auff der frantzösischen Refugyrten wittib Conte allerdemütigstes Supplicatum... hiermit concediret, ihre hierein Specificirte Limonade und andere liqueurs, zur refraichirung der daselbst promenierenden Persohnen öffentlich feil zu haben."[9]). Als weiteres Beispiel in gleicher Weise eine Anweisung Friedrich Wilhelms I.: „Die Regularität der Straßen sollte von der Militärbehörde streng observieret werden" und aus bekannten Erlassen Friedrichs des Großen: „Die Religionen Müsen alle Tolleriret werden, und Mus der Fiscal nuhr das Auge darauf haben, das keine der anderen abrug Tuhe, den hier mus ein jeder nach Seiner Fasson Selich werden"[10]) oder „Die Gazetten soll man nicht geniren". Friedrich selbst stellte fest: *„Je ne suis pas fort en allemand"*[11]), und auch seine Gemahlin, Elisabeth Christine von Braunschweig-Bevern, „konnte kein deutsches Wort orthographisch richtig schreiben."[12]) Selbst die von den Berlinern so sehr verehrte Königin Luise bediente sich der französischen Sprache weit besser als der ihres Landes. Französisch war demzufolge auch die Sprache der Gebildeten. Friedrich II. umgab sich in Sanssouci mit so vielen Franzosen, daß sein Gast Voltaire einmal boshaft feststellte: „Majestät sind der einzige Fremde unter uns", und seiner Nichte Denise schreibt er über den König von Preußen „er ist ein französischer Autor, der in Berlin geboren wurde".

Schloß Monbijau. Kupferstich von Paul Busch 1771
1943 im Bombenkrieg zerstört.

14

Aus der von Leibniz inaugurierten „Königlichen Societät der Wissenschaften" wird unter Friedrich die „Académie Royale des Sciences et Belles Lettres". Sie wird mit ihren Mitgliedern (ein Drittel waren Refugiés) französisch ausgerichtet und veröffentlichte ihre Arbeiten ausschließlich in französischer Sprache. Die Berliner Freimaurerloge heißt „Royale Yorck de l'Amitié", die städtische Krankenanstalt wird „Maison Royale de Charité", kurz „Charité" genannt, das militärärztliche Internat wird „Pépinière", die Kadettenanstalt die „Ecole militaire". Aus den Berliner Gasthöfen werden Hotels: „Hôtel au Soleil d'Or"[13]), „Hôtel de Brandebourg", „Hôtel de Rome", „Hôtel de Prusse". Man baut keine Paläste, sondern Palais, so das „Palais Ephraim", „Palais Redern", „Palais du Prince Royal de Prusse" (Kronprinzenpalais). Die Schlösser nennen sich Bellevue, Monbijou, Sanssouci. Der Pariser Platz am Brandenburger Tor heißt das Quarré, der Belle-Alliance-Platz (jetziger Mehring-Platz) Rondell und der Alexanderplatz Contre escarpe (Konterskarpe). Es werden auch keine Steuern, sondern Accisen erhoben. Eingebürgerte Umgangswörter wie Bataillon, Chaussee, Domäne, Domestike, Epauletten, Equipage, Etikette, Gendarm, Livree, Manöver, Mätresse, Negligé, Perücke, Pompadour, Portepee, Promenade, Pour le mérite entstammen jener Zeit.

Französische Hugenotten und Revolutionsemigranten in Berlin

Nun kam das Volk kaum oder nur wenig mit dem höfischen Milieu in nähere Beziehung, um viel von dessen Wortschatz in seine Sprechweise zu übernehmen. Weitaus bestimmender als Quelle für das Einfließen französischer Redewendungen in den Heimatdialekt war die Ansiedlung der Hugenotten (1685) unter dem Großen Kurfürsten. Er gewährte den französischen Glaubensverfolgten Schutz und Asyl auch in Berlin, so daß sie dort gegen Ende des 17. Jahrhunderts eine Gemeinde von 5000 Mitgliedern zählten. Das waren zu jener Zeit 20 Prozent der gesamten Stadtbevölkerung, bzw. jeder fünfte Einwohner war französischer Abstammung[14]). Noch Ende des 18. Jahrhunderts war jeder zehnte Berliner ein Franzose[15]). Mit dem Anwachsen Berlins zur Großstadt verringerte sich die Anzahl der eingewanderten Franzosen und deren Nachkommen im Verhältnis zur Gesamtbürgerschaft. Um 1900 soll ihr Anteil nur noch weniger als 1 % gewesen sein[16]). Bei einer derartigen Minderheit überrascht der französische Wortschatz im Berlinerischen um so mehr.

Die Exilprotestanten bildeten zunächst eine ziemlich in sich geschlossene Kolonie[17]). Noch heute erinnern Französische Straße, Gendarmenmarkt (heute Platz der Akademie) und Bellevuestraße an jene Zeit [18]).

Auch einem ganzen Stadtteil sollen sie nach umstrittenen Berichten den Namen gegeben haben. In der nordwestlichen Vorstadt war französischen Gärtnern und Landwirten Terrain angewiesen worden, durch das sie Berlin mit Obst, Blumen und feinen Gemüsen belieferten. Wegen des kargen, unergiebigen Sandbodens nannten die Ansiedler die Gegend *la terre de Moab* oder auch *la terre maudite,* das verfluchte, sehr schlechte Land. Durch diese beiden Redewendungen erhielt der Ortsteil angeblich die Bezeichnung Moabiter Land bzw. Moabit [19]).

Die eingewanderten Refugiés erhalten ihre eigene Kirche [20]), ihr eigenes Spital, einen eigenen Friedhof und eine eigene Schule, das heute noch bestehende, die Tradition erhaltende Collège Français. Das „Französische Komödienhaus" am Gens d'armes Markt wird 1786 „Nationaltheater" und damit Vorgänger des späteren „Königlichen bzw. Staatlichen Schauspielhauses" (siehe Abbildung). Alle diese zugestandenen Sonderrechte machen die ehemaligen Flüchtlinge zu bewußten Bürgern der Stadt. Auch an dem französisch ausgerichteten Hofe gewinnen die Hugenotten schnell

Der Gens d'armes-Platz mit dem Deutschen und Französischen Dom und dem im Auftrag Friedrichs II. 1776 gebauten „Französischen Komödienhaus", dem späteren preußischen Hof- und Nationaltheater. Kupferstich von F. A. Calau 1795.

18

an Bedeutung. Sie werden über Generationen, bis hin zu Friedrich Wilhelm IV., Prinzenerzieher[21]. Eine Berliner Stadtbeschreibung von 1786 stellt fest: „Man hat eine Zeitlang die Kenntnis der französischen Sprache als das Universale einer guten adligen Erziehung angesehen"[22]. Friedrich Wilhelm I. setzt den Sachverstand über den gesellschaftlichen Rang des Adels und bringt die protestantischen Franzosen vielfach in Beamtenstellungen. Friedrich II. hatte neun hugenottische Generäle in seiner Armee. Auch seine „Kaffeeriecher", Angestellte der staatlichen „Accise" bzw. der Steuer- und Zollbehörde, der „Regie", kamen vorwiegend aus den Kreisen der Refugiés[23]. Bereits 1689 wird in einer Schrift über den „deutsch-französischen Modegeist" geklagt: „Heute muß alles französisch sein; wer nicht Französisch kann, kommt zu Hofe nicht an... Die teutsche Sprache kommt ab, eine andere schleicht sich ein; wer nicht Französisch redet, der muß ein Dummkopf sein"[24]. Selbst der Oberst Karl Theodor Guichard, ein Hugenotte, der unter Friedrich II. vergebens bemüht war, Lessing, Gleim und Winckelmann in preußische Staatsstellen zu bringen, stellte fest: „Der König will keine Deutschen, er kann nur Franzosen in seinen Diensten gebrauchen"[25]. So kann es nicht überraschen, daß Lessing in einem Brief

19

(1749) an seinen Freund, den Buchhändler Nicolai[26]), die abfällige Bemerkung „in Eurem französierten Berlin" einfügt. Ein Korrespondent berichtet etwa gleichzeitig in Wielands „Teutschem Merkur" über die Berliner: „Sie radebrechen ständig französisch, pudern, parfümieren sich, putzen sich heraus, gebärden sich rücksichtslos und prahlerisch. Wenn der König nicht die Ausländer zur Verwaltung heranzöge, stände es schlecht um den Staat."

Berlin, zu jener Zeit vorwiegend Handwerkerstadt, sah in den Einwanderern vielfach Konkurrenten und stand ihnen zunächst ablehnend gegenüber, um so mehr, als diese mit neuen Techniken rivalisierende Industrie- und Handwerkszweige einführten. Unter ihnen befanden sich Lohgerber, Perückenmacher, Uhrmacher[27]), Hutmacher. Berlin war im 18. Jahrhundert auch Sitz französischer Druckereien und Verlage, die eine Reihe gelehrter und schöngeistiger Literatur in französischer Sprache publizierten[28]).

1789 kam als Folge der Französischen Revolution ein neuer Emigrantenstrom nach Berlin, wobei diesmal vorwiegend die Noblen und gehobenen Stände vorherrschten. Durch die kultivierten Einwanderer wurde die geistige

20

Beengung des militärisch ausgerichteten Preußen gemindert. Von herausragenden Namen französischer Familien trifft man je nach Beruf und persönlichen Neigungen Bekannte an. Ich nenne den Maler Antoine Pesne, die preußischen Generäle Courbière und LeFèvre, die Architekten Gontard und Gilly, den Gartenbaudirektor Peter Josef Lenné, den Pastor Erman, die Industriellen Ravené und Godet, den Weißbierbrauer Landré[29]), die Destillateure (Branntweinbrenner) Claude und Yoyeux, den Botaniker und Poeten Chamisso, die Gobelinmanufakturen von Jacques Mercier und La Vigne, den Physiker Charles Achard (er entwickelte die Gewinnung des Zuckers aus der Rübe), die Seidenfabrikanten Jean Paul Humbert und Franz Labry, die Dichter und Schriftsteller de la Motte Fouqué, Theodor Fontane und Willibald Alexis, den Physiologen du Bois-Raymond, den Bildhauer Louis Tuaillon und den 51. Berliner Ehrenbürger Paul Michelet[30]).

Das Bekanntsein vieler hier aufgezählter Familiennamen zeigt zur Genüge, daß die angesiedelten Franzosen allmählich in die Gesamtheit der Berliner Bevölkerung eingingen. Mit ihrer Überzeugungstreue, der Sparsamkeit, Schlichtheit, Festigkeit und ihrem Fleiß verschmelzen sie mit den märkischen

21

Première Promenade de Berlin.
La place des tentes au Parc (In den Zelten)
Stich von Daniel Chodowiecki

22

Einwohnern zu dem, was einstmals zum Inbegriff des Preußentums zählte.

Es entwickeln sich Handels- und Gesellschaftsbeziehungen. Der frühere Seidenweber Mourier eröffnet 1745 im Tiergarten nahe am Brandenburger Tor das erste öffentliche Gartenlokal „In den Zelten". Ihm folgen seine Landsleute Dortu und Thomassin mit gleichen „Etablissements" als Zelt 2 und 3. Chodowiecki zeichnet diese benachbarten Gaststätten (1772) und nennt sein Bild *Première Promenade de Berlin*[31]) (siehe Abbildung). Unter den Linden gibt es ein „Café Royal", ein „Café National" und „Café Imperial", in welchem man *à la carte* essen kann.

In „Berlin, wie es ist"[32]) kritisiert der Autor: „In den Berliner Kaffeehäusern mit französischen Titeln vor der Stirn ißt man Berliner Gerichte unter französischen Namen, und alle Lächerlichkeiten, welche Mode und Nachahmung erzeugen, treten recht lebhaft hervor. Wenn man sich französisch *bœuf à la mode* oder *bœuf naturel* fordern muß, um seinen deutschen Hunger mit deutschem Rindfleisch zu stillen."

Berliner engagieren französische Gouvernanten. Man heiratet in Hugenottenfamilien ein oder auch umgekehrt werden diese an Berliner Kreise gebunden. Die Mutter der Gebrüder Humboldt, Marie Elisabeth Colomb, entstammt z. B. einer Hugenottenfamilie. Der aus Danzig kommende *peintre-graveur* Chodowiecki ist mit Jeanne Barez, der Tochter eines hugenottischen Goldstickers, vermählt. Die Großväter von Theodor Fontane, der Kastellan Pierre Barthélemy Fontane und der Seidenhändler Labry, waren mit märkischen Frauen verheiratet. Sie alle wurden repräsentative Berliner. Madame Dutitre, die Frau eines wohlhabenden hugenottischen Tuchfabrikanten, wird mit ihren überlieferten Anekdoten immer als „Urbild der Berlinerinnen"[33]) dargestellt. Auch sie war ein Hugenottenkind, das nur um so mehr das völlige Aufgehen der eingewanderten Minderheit in dem gastlichen Lebensbereich erkennen läßt.

Mit der zunehmenden Vermischung dringen auch französische Gewohnheiten bis in die Berliner Küche ein: Die Bulette (*boulette* = Fleischkügelchen) wird zum Wahrzeichen der Berliner Speisekarte. Ragufeng (*ragoût fin*), jenes appetitliche Gericht aus feinen Fleischstückchen, ist in dieser Form in Frankreich unbekannt und wurde erst durch die Hugenotten erdacht[34]). Aus den französischen *griblettes*, in Speck gebratene kleine Fleischstückchen, wurden in Berlin Jrieben (Grieben-schmalz). Aus Erbsenbrei oder Stampfkartof-feln wurde Püree, aus Mohrrüben wurden Karotten, und „saure Jurken sind ooch Kom-pott". Eclair, Filet, Frikassee, Haschee, Kote-lett, Omelett, Roulade, Remouladensoße usw. entstammen französischer Brat-, Koch- und Backkunst. In gleicher Weise lieferte die Mode entsprechende Wörter: Bluse, Kostüm, Man-schette, Paletot, Pelerine, Posamenten, Robe, Volant, Toilette, Taille, elegant usw.

Die auffallend französische Note im Berliner Milieu des 18. Jahrhunderts wird treffend von Lessing in seiner „Minna von Barnhelm" (1767) durch die Szene mit Riccaut de la Mar-linière charakterisiert. Auch Julius von Voß (1806) läßt, um seinem Volksstück „Berlin im Jahre 1724" ein zeitgemäßes Kolorit zu geben, eine Bäckersfrau aus der französischen Kolo-nie auftreten. Ein sicher treffendes Stim-mungsbild vom Berliner Leben um das begin-nende 19. Jahrhundert gibt E. T. A. Hoffmann in seiner Novelle „Des Vetters Eckfenster". Bei der Darstellung des Handelsgetriebes auf dem Gendarmenmarkt werden dabei auch mehrfach französische Besucher charakteri-siert. Unbewußt wird von dem zeitgenössi-schen Autor damit die Eingliederung der Fran-zosen in die Ortsbevölkerung geschildert. Mit der gegenseitigen Anpassung an Sitten und Gebräuche wird nicht nur das kulturelle und zivilisatorische Gepräge der Stadt beeinflußt, es hat auch über gastronomische und modische Einwirkungen hinaus weitgehend sprachliche Konsequenzen: Amusement, Bagage, Billett, Canaille, Cousine, Couvert, Entrée, Kommode, Journal, Malheur, Misère, misérable, Bel Étage, Parapluie, Parterre, Pissoir, Portemonnaie, perdu, Rage, Salon, Skandal werden gebräuchlich. Der König hat bei Jena und Auerstedt keine Schlacht, sondern, wie es in dem Aufruf „An mein Volk" heißt, „eine bataille" verloren[35]). Man tanzt auch in Berlin auf der Redoute Cotillon, Gavotte, Polonaise, Menuett und Contre. So verteidigt auch Varnhagen von Ense das Einfließen der Fremdworte, wenn er schreibt: „Manches französische Wort ist deutscher als das, was man an die Stelle von jenem setzen will"[36]). – Wie z. B. verdeutscht man kurz und zutreffend: Balkon, Bravour, Chance, frappant, Pedant, Milleu, Revanche, Sabotage?[37])

Die angeführten Beispiele von Wörtern französischer Herkunft lassen sich leicht und zahlreich vermehren; sie alle aber sind immer Fremdwörter geblieben, und sie sind auch nicht Berlin-spezifisch. Für die Berliner wurden solche sprachlichen Beimischungen erst wirklich ortseigen infolge der napoleonischen Besetzung der Residenz nach der preußischen Niederlage von 1806. Damals beherrschten die Franzosen für mehr als zwei Jahre vollkommen die gesamte Stadt. Die Garde und die Offiziere waren in zivilen Bürgerhäusern einquartiert, die Soldaten vorwiegend in Schulen und Kasernen über die einzelnen Bezirke verteilt. Die Situation wiederholt sich ein zweites Mal während Napoleons Rußland-Feldzug von 1812/13. Bis März 1813 war Berlin von 24.000 Franzosen besetzt[38]). Für nicht weniger als zwölfeinhalb Millionen Soldaten müssen in dieser Zeit vom Magistrat Lebensmittel beschafft werden[39]).

Mit den vielfältigen Kontakten flossen in die Berliner Umgangssprache unzählige französische Vokabeln ein und diesmal nicht nur in die der gehobenen Schichten, sondern in alle Teile der Bevölkerung. Sie sind natürlich nicht nur in der Berliner Mundart anzutreffen; man begegnet ihnen auch in anderen deutschen Gebieten, besonders in den Rheinlanden, in denen derselbe oder ein ähnlicher Einfluß herrschte[40]). Ihre gehäufte Verwendung aber, als vermeintlicher Bildungsgrad, wird im damaligen Berlin geradezu eine modische Marotte[41]). „Et is een wahret Jlück, det bei det Unjlück jlücklicherweise keen Maller (*malheur*) passiert (*se passer* = sich ereignen, stattfinden) is." In der Mitte des 19. Jahrhunderts charakterisiert der lokale Volksdichter Kalisch die Situation, wenn er in einer seiner Possen spottet: „So'n bisken französisch, das macht sich gleich wunderschön"[42]). „Wenn man in der Bölletasche (Belle Etage) wohnt, gehört et zum Bongtong (guten Ton)."[43]) Wie so leicht bei der Übernahme von Fremdwörtern waren dabei die seltsamsten Entstellungen im Umlauf: „Imma pö à pö, et muß allens seine jehörichte Konfusion haben", „Mein Sohn is bei Bellfalljanks (Belle-Alliance) gefallen"[44]), oder wenn Glaßbrenner, ein Klassiker der Berliner Volksliteratur, geflissentlich von „kojenieren der reptierlichen Leute" (reputierliche Leute kujonieren) spricht[45]). Wie weit die Selbstgefälligkeit in der Einflechtung französischer Brocken schließlich ging, läßt sich aus zahlreichen Witzen, Anekdoten und Typen-Darstellungen ablesen. „Taach, Nante, comment, wie jeht et dir? Du befindest dir doch

28

„Ick sage ja keen Wort, Herr Kumsarjus."
„Halt Sie 's Maul! Sie raisonniert inwendig!"

Vormärzliche Satire.

noch?" „Toujour, wie imma passablement". In seinen Szenen aus dem Berliner Leben antwortet Nante in einer Gerichtsvernehmung auf die Frage „Geboren?": „Jeboren bin ick. Je suis! Entschuld'jen Sie, wenn ick manchmal en bisken Französisch in meine Reden jieße. Erschtens kleedt det en jungen Menschen jut, un zweetens klebt mir des noch von Anno 13 und 14 an, die ick mitjemacht habe."

Viele der aufgegriffenen Fremdwörter werden dabei zu stadtgängigen Redensarten: Jeder nach seinem Schaköng (*chacun à son goût*). Ick esse jleich aus de Lameng (*la main*). Det Wichtigste bei de Bulette is der echte Hauju (*haut goût*), er jibt se erst den richtigen Effee (*effet*). Zweemal bin ick mit se ums Karree (*carré* = Geviert, Quadrat, viereckiger Häuserblock) jelofen, da hatte ick de Neese pleng (*plein* = voll). Das Garde-Schützen-Bataillon wurde 1814 nach dem preußischen Neufchâtel benannt, und seine Soldaten waren für die Berliner fortan die Neffschanteller[46]). Es ist aber nicht allein der einzelne übernommene Ausdruck, der das Berlinerische kennzeichnet, sondern vielmehr sein so oft überraschender Gebrauch in schnoddrig-zugespitzten Wendungen, um mit ihm eine Situation treffend und bildhaft zu charakterisieren: Buletten- bzw. Buljongkeller[47]), Pochtjeezwiebel (Haarknoten der Pochtjeeschen, der Frau des Portiers), Parkettmasseuse (Hausangestellte beim Bohnern des Fußbodens). Hast wohl'n feuchten Karton oder hast de dein' Verstand in de Jarderobe abjejeben? Det jibt ja de Buljong (*bouillon*) 'n janz anderet Ooje (gibt der Angelegenheit ein anderes Aussehen). Bei so'ne miserable Visage könn 'se doch 'n nackichten Mann keen' Bonbon uffs Schmisett (*chemisette*) kleistern. Mach doch die Kommode zu, et zieht ja so. Allüren hab'n se, die würde ick mir mal rausnehmen lassen. Nich uffrejen, det runjeniert (ruiniert) den Täng (*teint*). Deine komischen Manieren servierst'e besser uff'n Tablett.

Als in den Kreisen der Gebildeten mehr und mehr hochdeutsch gesprochen und geschrieben wird, entwickelt sich etwa gleichzeitig im ersten Drittel des 19. Jahrhunderts jenes „Gemisch aus märkischer Bauerndrastik und französischem Esprit"[48]), das man heute als echtes Berlinerisch einordnet.

Durch die überstandenen Kriege wurden Aristokratie und Bürgertum wirtschaftlich angeglichen. Auch die Biedermeierzeit brachte die konfessions-flüchtigen Franzosen und die Juden einander gleichachtend mit der Bevölkerung näher.

Aus einer gewissen kosmopolitischen Einstellung des Berliners heraus, der Fremdländisches respektiert und gern übernimmt, gewinnen die aufgefangenen Fremdwörter in seinem Sprachschatz eine gewisse Eigenständigkeit. Vielfach fügt er den neuen, übernommenen Sprachbrocken zunächst noch erklärende Übersetzungen hinzu. So spricht er z. B. vom Jardin-Garten, Château-Schloß, Chapeau-Hut, Deez-Kopp (Deez = *tête*), Fromage-Käse, mit'n gewissen avec vom contrairen-Gegenteil, von infamichter Gemeinheit und daß seine Frau gegenwärtig nicht momentan sei. Auf der anderen Côté-Seite schräg vis-à-vis-jejenüber von der Chaussee-Straße ist die janze Fassade uff neu renoviert. Keen Plaisir-Vajnüjen ohne die Damens, aba mit de Damens jehts ans Pochtmonee *(porte-monnaie)*.

Die gleichzeitigen Erläuterungen und Übersetzungen, das „doppelt-gemoppelt", wie der Berliner sagt, ergeben Wiederholungen, die zu einer geradezu charakteristischen Sprachei-

„Zigaro, mit avec du feu!"
Aus „Berliner Redensarten" von Franz Burchard Doerbeck

gentümlichkeit des Berlinerischen werden und gelegentlich zur Klärung und richtigen Interpretation mancher kaum noch zu deutenden Floskel beitragen: Wenn z. B. die Kinder „Keesekasten" spielen, so hat das keineswegs etwas mit Käse zu tun, vielmehr bedeutet das französische *la caisse* bereits schon Kiste bzw. Kasten. *Caisse*-Kasten, Keesekasten[49]), ist also ein Berlin-typischer Pleonasmus, es ist sozusagen „dieselbe Farbe in anderer Couleur". „Abgemacht Seefe" hat nichts mit Seife zu tun. Nach der „Berliner Sprachgeschichte" von A. Lasch[50]) wird es auf eine Umbildung des biblisch-hebräischen Schlußwortes „Sela" zurückgeführt. Auch W. Krogmann[51]) hat im „Berlin-Brandenburgischen Wörterbuch" diese Deutung übernommen. Die sprachliche Umwandlung von Sela zum berlinerischen Seefe ist sehr unwahrscheinlich; treffend und sicher auch richtig ist die Ableitung vom französischen *c'est fait*, es ist abgemacht. Dieses *c'est fait* wird akustisch zu „Seefe", zumal auch hier wieder die mitlaufende Übersetzung zur Sicherung und Berechtigung der Auslegung beiträgt. Abgemacht, *c'est fait*, abjemacht Seefe. Auch der konfuse Querulant, der als „Bouillonkopp" bezeichnet wird, enthält eine solche typische Verdoppelung, wobei *„Bouillon"* eine Entstellung des französischen *Brouillon*, d. h. Wirrkopf, Brausekopf, ist.

Die Aufnahme fremder Wörter in den Sprachschatz des Berliners mag neben seiner naiven
Neigung zu allem Fremdartigen auch für eine
gewisse geistige Beweglichkeit und Anpas-
sungsfähigkeit sprechen. Auf jeden Fall hat sie
die Vielfältigkeit seiner Ausdrucksmöglichkei-
ten erheblich vermehrt. Natürlich ist eine
Umgangssprache nicht mit der Schriftsprache
identisch. Vom Volk jener Zeit wurde vorwiegend nur das gesprochene Wort übernommen.

Als Beispiel mag ein koloriertes satirisches
Blatt von Gottfried Schadow[52]) (siehe Abbil-
dung) dienen: Ein französischer Wachsoldat
hält eine Bürgersfrau an mit dem Ruf *„qui
vive?"*, und die beleibte Berlinerin entgegnet:
„Hab' er sich nich, la vache", wobei sie
„vache" wie „Wasche" ausspricht. Damit will
die angehaltene Frau sich der Wache in ihrer
Umgangssprache nur als Waschfrau zu erkennen geben. Der verkürzte Ausdruck „die
Wasche" entspricht der „Putze", womit in
Berlin heute die Reinigungs- und Putzhilfe im
Haushalt gemeint ist[53]). Nach einer anderen
Deutung versieht sie das deutsche Wort
„Wache" mit dem französischen Artikel, um
sich sprachlich perfekt und zeitgemäß zu
geben. „La vache" könnte entsprechend der

„*Qui vive?*" „Gott hab er sich nich, la vache!"
Stich von Gottfried Schadow. (siehe Text.)

französischen Schreibweise mit „Kuh" übersetzt werden. Diese Deutung aber sollte der resoluten Frau wohl doch unbekannt sein, wenn auch die Pointe der Szene in der Verwechslung von Wache und *vache* liegen kann. Ob bereits vor 1850 in der französischen Umgangssprache, wie in der Gegenwart, der Polizist volkstümlich als *„une vache"* beschimpft wird, ist nicht erwiesen. Anatole France spricht jedoch in einem seiner Romane schon 1879 von *mort aux vaches*, wobei er es etwa im gleichen Sinne meint, wie heute der deutsche Polizist populär als „Bulle" bezeichnet wird.

Die Klangerscheinungen einzelner französischer Wörter sind durch die akustische Aufnahme oft mit Hörfehlern behaftet, ihre Wiedergabe durch Tonangleichungen entstellt oder auch durch die Jahre ihrer Verwendung mehr und mehr abgewandelt. Es kommt weiter hinzu, daß, zuweilen bereits im französischen Ursprung, Ungenauigkeiten eingeflossen sind, zumal die 1788 erschienenen „Kritischen Betrachtungen über das offizielle Berlin"[54] in Hinsicht auf die Hugenotten-Kolonisten bereits darauf hinweisen: „daß die französische Sprache von ihnen nicht rein gesprochen wird, ist nicht zu verwundern, weil selbst in Frankreich der große Haufen von Handwerkern und

Professionisten seine Sprache fehlerhaft spricht".

Anläßlich der Beschreibung der Berliner Druckerei von Decker, in der erstmalig Friedrichs II. *œuvres choisies* gedruckt wurden, betont H. Mackowsky[55]): „Die Setzer und Korrektoren beherrschten, wenn überhaupt, doch nur den Jargon des modischen Deutsch-Französischen, und in ihren Drucken ·wimmelte es von orthographischen und grammatikalischen Willkürlichkeiten." Die Hugenotten und die französischen Soldaten kamen aus den unterschiedlichsten Provinzen ihres Landes, deren Dialekt oft so differierte, wie der von urwüchsigen Bayern, Schwaben und Sachsen.

Die lautlich übernommenen Phrasen weichen dadurch zuweilen ganz erheblich von der Rechtschreibung der Ursprungswörter ab, aber beim Sprechen ist trotz mancher Abwandelungen der französische Ursprung doch immer noch durchzuhören: Aus *boutique* (Laden-Handelsgeschäft) wird Budike und Budiker, aus *bouteille* wird Putelje, aus *estaminet* (kleine, unscheinbare Gastwirtschaft) wird Stampe, *trottoir* wird zum Trittoar, aus *fête* (Fest) wird Fetz (= Spaß, Vergnügen, Unsinn) bzw. Fete, adrett stammt von *adroit*, proper von *propre* (sauber), gewieft von *vif* (lebendig), Klamauk leitet sich von *clameur*(Geschrei) und *clameux* (lärmend) ab, Bredulje (Verlegenheit, Klemme) von *de la bredouille* (Tricktrack, Matsch). Aus *casserole* (Schmorpfanne) wird Kastrolle, aus *mélancolique* wird melanklöterisch, *pleurer*(weinen) wird zu plärren. Rumkajolen (kariolen, karjuckeln, gemächlich umherziehen) geht auf *carriole*, einen leichten zweirädrigen Wagen, zurück. Jemandem etwas zuschanzen, ihm eine *chance* geben. Der Maurerpolier, der Vorarbeiter, entstammt dem *parlier*, dem Sprecher bzw. Wortführer seiner Arbeitskolonne. „Sie hat 'ne Pike uff mir" geht auf *la pique* (Groll) zurück. *Les bottines* (Stiefel) bzw. *les bottes* (Schaftstiefel) werden zu Botten, mit dem Verb: „Da kannste botten, bis die Socken qualmen." Aus *tout chic* wird totschick. „Klammheimlich hat er allens ratzekal uffjefuttert"; „klammheimlich" ist wieder eine Berlin-spezifische Verdoppelung, wobei jedoch „clam" (= heimlich) aus dem Latein stammt; „ratze" ist nicht identisch mit Ratte, obwohl der Berliner diese Tiere so bezeichnet, und „kal" ist auch nicht die Verkürzung von Kahlfraß, vielmehr leitet sich „ratzekal" von *radical* ab. In der Berliner Posse „Einmalhunderttausend Taler" von David Kalisch (1849) sagt der Bankier Zwickhauer zu seinem Kollegen: „Andere Leute flankieren hin und her, des Morgens sind se konservativ, des Mittags sind se liberal und des Abends sind se ratzekal." Hier ist die Gleichstellung von „ratzekal" mit *radical* eindeutig erkennbar.

Wenn jemand beim Kegelspiel eine „Ratte" geschoben hat oder gar Rattenkönig wird, dann hat dies auch nichts mit den Tieren zu tun, sondern ist vom französischen *raté*, Versager, Blindgänger, bzw. von *rater*, verfehlen, übernommen. „Sei nich so etepetete, knall ihm mit Forsche eene vor'n Deez", wobei sich etepetete, zimperlich, von *être peut-être* (im Zweifel sein), Forsche, forschsein von *avec force* (mit Kraft) und Deez (Dätz) von *la tête* (der Kopf) ableiten[56]). Kommißbrot entstammt keineswegs dem lateinischen Kommiß, im Sinne von Truppe, Heer, das Brot der Truppe. Da es zu jener Zeit keine Militärbäckereien gab, kauften vom Staat beauftragte *commissionaires* das Brot für die Soldaten in der Stadt auf; aus dem Kommissionärbrot wurde das Kommißbrot. Alle diese Wörter bürgerten sich mit der Zeit so ein, daß sie im Bereich des Berliner Gassenjargons zu reinen Lehnwörtern abgewandelt wurden.

Auch daß der Berliner sehr häufig das Z nicht so scharf ausspricht, kann auf französischen Einfluß zurückgeführt werden, bei dem C wie ß (*célèbre, centime, Cicéron*) und Z wie s (*zéro, zélote, Zoroastre*) gesprochen wird: „Bei ßeßilien (Cäcilia) ßuhause liegt een janßer ßentner ßitronen"[57]).

Eine Besonderheit der Berliner Sprache, die sonst nicht im Deutschen angetroffen wird, ist auch der unterschiedliche Gebrauch von „Ick" und „Icke" für „Ich". Der Berliner unterscheidet dabei im gleichen Sinne wie der Franzose zwischen *„je"* und *„moi"*. „Ick" entspricht dem persönlichen Fürwort „Ich", das mit einem Verb verbunden wird. Dagegen wird das betonte „Ich" und „Ich selbst" (= *„moi"* im Französischen) zu „Icke". Als Beispiel die bekannte Berliner Klopsgeschichte:

> Ick sitz an' Tisch und esse Klops
> uff eenmal klopts.
> Ick kieke, staune, wundre mir,
> Uff eenmal jeht se uff, die Tür!
> Nanu, denk ick, ick denk nanu,
> Jetzt is se uff, erst war se zu.
> Ick jehe raus und kieke
> Und wer steht draußen? – Icke.

Es gibt eine Reihe von Wörtern, die so eingedeutscht wurden, daß der Unbefangene die
französische Herkunft weder erkennen noch
vermuten kann und sie dadurch zu eigenständi-
gen Berolinismen wurden: Adieu z. B. wird
über adschö und adje bis zum tschüs umge-
formt. Aus den französischen *quincailleries*
(metallene Haushaltswaren, so wie wertlose
Kleinigkeiten, blecherner Schnickschnack)
wird für den Berliner „Kinkerlitzchen": Mach
doch keene Kinkerlitzchen; der kooft immer
nur Kinkerlitzchen. Aus *querelle*, den Querelen
der gehoben sprechenden Gesellschaft, wird
beim Berliner Volke krakehlen. Wenn jemand
von Muckefuck, mutterseelenallein oder Fisimatenten spricht, wird er kaum noch die französische Herkunft solcher Floskeln vermuten.

Infolge des hohen Kaffeezolls unter Friedrich II. bauten französische Gärtner Zichorie
an. Die Wurzeln wurden geröstet und gemah-
len und gaben als Zusatz dem dünnen Kaffee-
aufguß wenigstens eine tiefschwarze Farbe.
Dieser sogenannte Kaffee wurde von den
Franzosen als *café prussien* oder auch als
mocca faux bezeichnet. Aus diesem gefälsch-
ten, nachgemachten Kaffee, dem *mocca faux*,
wurde bei den Berlinern Muckefuck.

Mutterseel ist zunächst die klangliche Wiedergabe von *moi tout seul* = ich ganz allein. *Moi tout seul,* mutterseel und dazu wiederum als Prüfstein für die Berechtigung der Deutung die Berlin-typische Wiederholung von allein: mutterseelenallein.

In seiner Autobiographie berichtet Fritz Kortner[58]), daß sein Berliner Schauspiellehrer Ferdinand Gregori ihm im Unterricht bedeutete: „Machen Sie doch keine Fisimatenten", und der Wiener Eleve stellt überrascht fest: „Das Wort war für mich neu." Es ist französischen Ursprungs und wird verschieden gedeutet. Wenn der Soldat zu spät zu seinem Quartier zurückkehrte und von der Wache angehalten wurde, gab er als Ausrede *j'ai visité ma tante,* einen Besuch bei seiner Tante an, was natürlich als fadenscheinige Entschuldigung erkannt wurde: Machen se keene Fisimatenten, keine faulen Geschichten, keine Umstände. Eine andere Deutung sagt, daß die napoleonischen Soldaten willige Mädchen einluden, sie in ihrem Zelt *visitez ma tente* zu besuchen. Wenn die jungen Töchter dann ausgingen, warnten die erfahrenen Mütter beim Abschied: „Mach mir keene Fisimatenten". Eine weitere Erklärung leitet sich ab von *visites de matin,* das sind Morgenbesuche, die zum Amtsantritt oder als Abschiedsbesuche vormittags, z. B. bei Vorgesetzten, gemacht wurden und als überflüssig galten. Im „Wörterbuch der deutschen Umgangssprache" schreibt der Verfasser H. Küpper: „Fisimatenten: Ausflüchte, Winkelzüge, leere Redensart. Herkunft noch umstritten. Entweder entstellt aus dem mittellateinischen ‚visae patentes – ordnungsgemäß verdientes Patent' oder aus ‚visament, fisiment = unverständlicher Zierrat in der Waffenkunde'. Mundartlich erst seit dem 19. Jahrhundert". Weder das „ordnungsgemäß verdiente Patent" noch der „unverständliche Zierrat in der Waffenkunde" lassen irgendwelche Beziehungen zu der durchaus richtigen Interpretation von Fisimatenten als „Ausflüchte, Winkelzüge und leere Redensarten" erkennen. Wohl aber kann die Mitteilung „Mundartlich seit dem 19. Jahrhundert" die anderen hier angegebenen Deutungen stützen[59]).

Uff'n Kievief sein, helle, wachsam sein, wird auf den Anruf der Wache: *„Qui vive?*, Wer da?" zurückgeführt. „Det macht der mit een' Zislaweng", mit Schwung, mit einer an Zauberei erinnernden Fixigkeit, geht zurück auf *ainsi cela vient*, so kommt das, im Sinne von: Geschicklichkeit ist keine Hexerei. *Ainsi cela vient*, mit een' Zislaweng. „Er jeht über'n jroßen Onkel" hat nichts mit dem Verwandten Onkel zu tun, sondern mit dem französischen

„Christeken, gießt de dir allwidder Eens uf die Lampe?"
Aus „Berliner Redensarten" von Franz Buchard Doerbeck
(1799–1835)

ongle, dem Nagel an der Zehe, der Fußklaue. Unter *gros ongle* ist also pars pro toto die große Zehe zu verstehen. Wenn jemand nach einem guten Happen noch einen uff die Lampe gießt, dann entspricht der Happen dem französischen *happée* = Bissen; „uff die Lampe gießen" hat nichts mit einem Beleuchtungskörper zu tun, es wurde von *lamper* = übermäßig, in kräftigen Zügen trinken, bzw. von *la lampée*, tüchtiger Schluck, übernommen. Aus *bleu mourant* wurde blümerant. *Bleu mourant* ist ein sterbendes, ein blasses Blau, ein bestimmtes Dekor, mit dem Friedrich II. sein Porzellanservice verzieren ließ, eine Pastellfarbe, die der Berliner als „Vergißmeinnicht in Milch gekocht" charakterisiert. Mir wird janz blümerant, übel, blau vor Augen.

Natürlich können solche worterklärenden Ableitungen gelegentlich auf falsche Wege führen. Auch hierfür einige Beispiele: Beim „Knief", dem Messer, wird allzu schnell auf das englische „knife" (gesprochen „neif") hingewiesen[60]). Im berlinerischen Wortschatz stammt es aber zweifellos vom französischen *canif* (Federmesser) ab. Gewiß mögen beide Wörter knife und *canif* etymologisch auf den gleichen Stamm zurückgehen, aber dennoch konnte bei der akustischen Übernahme des gesprochenen Wortes und auch bei dem seltenen Umgang der damaligen Bevölkerung mit den Engländern niemals knife aus der Schriftsprache übernommen sein, vielmehr kann immer nur das gesprochene *canif* als Urbild des Kniefs gelten.

Die Erklärungen von „mausetot" als „eine volksetymologische Umdeutung des 17. Jahrhunderts" (Duden), als „niederdeutsches Adjektiv von mors, murs = gänzlich, plötzlich" (Kluge) oder auch als „zusammengezogene Wendung und Steigerung von tot" (Küpper) sind wenig überzeugend. „Tot wie eine Maus"; wie eine „tote Maus" ist nicht sinnvoll, wie eine „lebende Maus" noch weniger. Wie treffend ist dagegen das eindeutige „mäuschenstill". Nach neueren Erkenntnissen soll das

Wort aus dem Französischen abgeleitet werden und vorwiegend im Berliner Raum seit dem 18. Jahrhundert gebräuchlich sein. So führt auch hier das französische *mort aussitôt* bzw. *mort si tôt* (sofort, sehr schnell, sogleich tot) als akustische Angleichung zum mausetot.

Wenn der Berliner von einer Kutsche oder auch einem alten Auto als von einer „Scheese" oder von jemandem, der „losscheest", spricht, so wird in den einschlägigen Wörterbüchern[61] auf das englische *chase* (schnell laufen) hingewiesen. Die englische Sprache hatte jedoch, als sich das typische Berlinerische im 18. und 19. Jahrhundert entwickelte, örtlich keine Bedeutung und scheidet mit Sicherheit als Quelle aus. Anders verhält es sich schon mit dem französischen *la chaise*, der Stuhl, wobei im übertragenen Sinne die Kutsche sozusagen als fahrbarer Stuhl gedeutet werden könnte, wie auch die Sänfte als *Porte-chaise*, Tragstuhl bezeichnet wurde[62]. Wahrscheinlicher und auch stichhaltiger ist die Erklärung, nach welcher der in Berlin ansässige Hugenotte Philippe de Chièze[63], ein ingeniöser Techniker, einen abgefederten Reisewagen konstruierte, die damals sehr geschätzte „Berline". Diese Kutsche nannten die Berliner nach ihrem Konstrukteur Chièze in

48

seiner Aussprache „Scheese". Man hat hier den gleichen Sachverhalt wie bei dem etwa zwanzigsitzigen überdachten Kremser, der nach dem Berliner Fuhrunternehmer Simon Kremser (1822) benannt wurde[64]. Es muß aber auch betont werden, daß sich die Herkunft mancher Wörter nicht eindeutig bestimmen läßt. Ob „Pöbel" vom französischen *peuple*, Volk, abzuleiten ist, oder ob beide Wörter gemeinsam auf das lateinische „populus" zurückgehen, ist nicht sicher zu entscheiden. Das gleiche trifft für „Sperenzchen", französisch *espérance*, lateinisch „sperantia", zu[65].

Aus dem *mannequin*, der beweglichen Gliederpuppe des Schneiders, wird Männeken. „Männeken, mach die Sabberklappe zu, dein Milchgebiß wird sauer." Das französische Wort geht auf eine niederländische Quelle zurück, und es könnte auch Männeken im Berliner Sprachschatz, statt des angenommenen französischen Ursprungs, unmittelbar niederländischer Herkunft sein. „Ne Schinkenstulle mit Franjen", das heißt, daß der Fleischbelag über den Rand des Butterbrotes überhängt, läßt nicht erkennen, ob „Franjen" auf das französische *frange* oder auf das mittelhochdeutsche Franse zurückgeht. Eindeutig wird es nur, wenn statt der Fransen die überquellende

Schinkenschnitte vom Berliner als „Stulle mit Lamberkengs", französisch *lambrequin* (gezackter Querbehang über Fenstern), deklariert wird[66]).

Um die Ecke schenken se Weisbier.

Pour les Dames.
„Um die Ecke schenken se Weisbier."
Aus „Berliner Redensarten" von Franz Burchard Doerbeck
(1799–1835)

Die Fülle zitierter Beispiele mag zeigen, wie viele französiche Sprachbrocken in den Berliner Lokaldialekt eingeflossen sind und seinen Wortschatz bereichert haben. Durch den anhaltenden Umgang mit den fremden Soldaten und die Vermischung mit den hugenottischen Einwanderern entstanden dann zuweilen neue Wortbildungen, indem heimische Begriffe willkürlich mit französischen Silben verbunden wurden. In solchen Mischungen kommt nicht nur die Vorliebe des Berliners für neue Wortbildungen zum Ausdruck, sondern auch seine geradezu kindliche Freude, wenn irgendmöglich, französische Laute in seinen Redefluß einzuflechten: Bammelage, Kleedage, Stellage, Schmierage, Restauradike, Kneipier, Schlappier, Retourkutsche, Stippvisite, schauderös, schikanös, verstande-vu?, entre na nu, sachtemang, knappemang, auseinanderposamentieren, spendabel mögen als Beispiele genügen.

Bei einer derartigen Verquickung gibt es natürlich auch Wörter, die möglicherweise französischen Ursprungs sind, aber ihrer Herkunft und Deutung nach nicht mehr sicher eingeordnet werden können. Wenn der Berliner etwas „bonfortionös" (großartig, herrlich) findet, so ist die Ableitung *bonne fortune* (gut Glück) ungewiß, wie auch das gleichsinnige „schniebel de bon" und „schniebel de pö", das etwa dem berlinerischen „knorke" entspricht, trotz französischer Endung keiner überzeugenden Entzifferung zugänglich ist. Wie unklar ihm die etymologische Ableitung selbst ist, sagt allein schon, daß er bei einer weiteren Steigerung seines begeisterten Ausrufes von einem „schniebel de pö nach allen Schreibarten" spricht. Wahrscheinlich entsprang die Floskel nur der Berliner Neigung zu bewußten klangähnlichen Wortverdrehungen und parodistischen Abwandlungen: Aus *fourrage* wird „Futterage". aus *Pour le mérite* wird „Pulle mit Sprit" und das „Renaissance-Theater" wird zum „Reenes-Angst-Theater".

Aus der Liebe zu neuen Sprachschöpfungen und aus der rein phonetischen Aufnahme fremder Redewendungen ist dann später gar nicht immer zu entscheiden, ob die Entstellungen bewußt oder unbewußt entstanden sind, zumal die Übertragung des gesprochenen Wortes in die Schriftsprache und die ungeklärte Schreibweise des Berliner Idioms weitere Verzerrungen begünstigen.

Ich bin kein Philologe, weder Germanist noch Romanist, kenne aber die Sprache meiner Vaterstadt recht gut, und ich glaube, daß die vorgetragenen Auslegungen und Erklärungen überzeugend sind, weil sie die jeweiligen Zeitabschnitte, die örtlichen Verhältnisse und die Gewohnheiten meiner Landsleute berücksichtigen.

Hier sollte nur gezeigt werden, daß in der Berliner Mundart Französisch eine beachtliche Rolle spielt. Dabei konnten immer nur einige Beispiele die Ausführungen erläutern. Es ist überraschend, wie häufig man heute noch auf Wörter französischer Herkunft stößt, sobald man darauf achtet. Waschechte Berliner werden immer rarer, und damit wird auch das bodenständige Berlinerisch immer seltener.

Die einstige Minderheit der hugenottischen Einwohner entschwand allmählich in der expandierenden Großstadt, und der französische Einschlag zeigt lange nicht mehr die modische Gepflogenheit des vorigen Jahrhunderts. Es gibt zwar noch heute zahlreiche Einwohner jener französischen Herkunft in unserer Stadt: Bassenge, Blanvalet, Brée, Carpentier, Charlé, Fouquet, Lefèvre, Lombard, Niquet, Souchay erinnern daran, aber sie alle sind längst keine Franzosen mehr. Auch hatte mancher Immigrant in den napoleonischen Besatzungsjahren seinen Familiennamen eingedeutscht. Der von Fontane erwähnte hugenottische Apotheker Jung in der Neuen Königstraße und dessen Bruder, der Bäcker Jung, Unter den Linden, hießen ursprünglich Le Jeune. Auf gleiche Art wurde aus Moineau Sperling, aus Laforge Schmidt, aus Malin Boes und aus Blanc Weiß.

Berlin ist seit je ein Schmelztiegel gewesen, der die verschiedensten Volksgruppen in sich aufgenommen hat, und diese wiederum haben sich meist bald dem Gastland angepaßt. Mit dem Anwachsen unserer Bevölkerung und ihrer durch Krieg, wirtschaftliche und politische Einflüsse bedingten Fluktuation, verwischt sich der Charakter ihrer Mundart mehr und mehr; im besonderen verliert sich im Laufe der Jahre der französische Wortbestand. Wer benutzt z. B. heute noch am Biertisch die Aufforderung, auf den „General Knusemong", d. h. *en général que nous aimons,* insbesondere auf das, was wir lieben, zu trinken[67]). Wer macht seinem Herzen heute noch Luft und ruft „pösemonquü", womit gemeint war, du kannst mich gern haben, küß mich am Hintern, *baise mon cul.* Nach einer persönlichen Mitteilung[68]) gibt es am Rande einer kleinen märkischen Stadt den Straßennamen „Hinter den Gardinen", der als „derriere les jardins", Hinter den Gärten, zu deuten ist.

Ein bekanntes, altes Berliner Küchenlied begann: „Sabine war ein Frauenzimmer ----". Die zweite Strophe dieser Liebes-Moritat hieß bei meinen Eltern noch: „Da kam aus Treuenbrietzen ein fremder Etrangeer". Bei meinen Enkeln erhielt dieser einst typische Berliner Pleonasmus die Neufassung: „Da kam aus Treuenbrietzen ein fremder Mann daher".

Mit der zunehmenden Flächenausdehnung bilden sich innerhalb Gesamtberlins einzelne Bezirke zu selbständigen, in sich mehr oder weniger geschlossenen Stadtkreisen. Wedding, Zehlendorf, Neukölln und Schöneberg führen jeweils ein gewisses Eigenleben, das meist unbemerkt auch eigene Sprachgewohnheiten entwickelt. Bernard Shaw hat ein solches Problem im Pygmalion aufgegriffen. Er charakterisiert in seiner Komödie Higgins als einen Mann, der für seine Wissenschaft von der Aussprache Studien treibt über die unterschiedlichen Dialektformen in den einzelnen Bezirken Londons[69]). Übereinstimmend kann auch in Berliner Stadtteilen der Erfahrene gewisse sprachliche Feinheiten heraushören. Die Anhäufung von türkischen Familien in Kreuzberg[70]) oder von sächsischen Soldaten und Funktionären zusammen mit der russischen Besatzungsarmee im Osten Berlins[71]) mögen dereinst auch Wörter in die Umgangssprache einfließen lassen, die durch ihre phonetische Umwandlung in Spandau, Steglitz oder dem amerikanischen Dahlem schwer verständlich sein können. Bei den einen erklingen heute schon häufig robotern, karascho, njet, nitschewo, Datscha, Machorka, do swidanje, Towarisch, zapzarap, während man bei den anderen Hobby, Oldtimer, City, Babysitter, Bestseller, Job, Outsider, Party, Gangster, shopping, Team, Teenager, Twen, Musical, Evergreen, Pullover bzw. Pulli usw. hört.

Eine lebendige Sprache ist stetigem Wandel unterworfen. In Berlin der letztvergangenen Jahrhunderte, mit seinem zunächst relativ kleinen und in sich geschlossenen Stadtkern, hat die französische Einwanderung, wie ich hoffe gezeigt zu haben, dem Wortschatz der Berliner Mundart mannigfaches Kolorit gegeben. Und wenn dann dabei dem Berlinerischen ein gewisser Witz und einige Schlagfertigkeit nachgesagt wird, so mag darin vielleicht auch etwas von dem französischen *esprit* eingeflossen sein.

Berlin verprobjantire Dir!
dein jroßer Held hat Hunger.

En Zuruf, Ufruf un Anruf
von

Aujust Buddelmeier, Dages-Schriftsteller mit'n jroßen Bart.

(Preis 1 Sgr.)

Der Held is doch so volles Lieber! Immer wie ziehen aus'n Volk, det mag mehr haben! Immer mit'n Theaterbalk, nenn man det! Wenn dem Menscht an nischt Böset nich denkt un so, weilde, koomt mein jutet Held, wie'n Donnerwetter anjeschossen un brüllt det vornemme Unsinß, über von's Vaterland in Jefahr, oder von ein Jraßrock verdorben Soldaten, oder vornem Staatstreich un die Kunter-Revolution, oder so zerschieben.

Diesmal aber hat er vor Hunger jebrüllt,

un det war wieder en sehr häßlich Jebrülle, ul Tasse, det un det Betrunn sagt, dem meen Held vornem Unsinß brüllt, denn treft et immer nich is, un det is sehr paterjötlich von mir. Schonß bedrum aller stoß of mich, det et 'n verbrochner Kastanzje is, Kann hat er jebrüllt, det Berlin wird ausjejungert werren, un wo soll det Ener sehn, ob nich die Vollzung von Himmel reinen un die Schweine jebroten un de Straße runnerwaren werren! Uf jeden Fall werren die Wittwenwaren billig, denn

Heldken hat sich verprobjantirt, un wird nächstens 'nen Ausverkoof von Kartoffeln un Jrütze halten.

Kann aber Spaß aparte. Mit det Aushungern von Berlin, det is en Schwindel! habenran koomt nischt bei. Ulß det muß och seßhungen, det Jelister Held und Schwindel und, koomte det Jrebrüll, is vos übergrug, bob er det Jessen soll och nie oft det Sihnkerten ztetzen habt. Aber ul sage man den: Reichsanstbesten, machen Sie mir nich jrautisch! Det is Unsinn, wenn Sie's och det nehmen. Berlin is so essenberjte Stadt un bekann wo's Bomberwörnemien nich inwischt. Wenn nu die Soldaten in Berlin sin wollen, denn is det die Kinder vons Vaterland! Det mag schiffen. Unterhaspe wäre det och nöthig, det Müter sie sich in die Stube einladen. Wer in jedze Zeit sein wir viebliche Jewalt truchjegen und, det is 'n Ochse, un ul würre mir ziehn schämen, wenn det Ochse uf Seinen von die Demokrate steht. Ne, Kinder, je dumm Sind mir nich.

Vor diese Art Ochsenstreche zieht es ja ene besonders prifilogirte Klaffe!

Laßt die doch vor ihr Prifilesium Jebrauch machen und sischt ihr nich im't Handwerk. Ul mal Euch überzeugt innen, doß Ihr euch solge mit meine Worte Zehle jebt, denn kost schwülig of die Perlen der de Säue, nennt man det.

Echt mal, mich is bob sergul, ob 50,000 Mann un 100,000 Mann un Berlin rum liegen! Kuntale det Jetrimbel! Dies Binnaß hat janz prapper demokratische Schulen vor'd Müllelfl, wo mich der alle Kommiß abschießdsert un aus jeden Kerl in blanker Demokrate jemacht. Echt Euch doch man parteben, Kinder, un jelonß Euch vor Schwapport und mit de Kele, reinde is mich in jeden blanken demokratischt? Zeile geßt, die läugt ja in de Tinß, Kinder, bei nich jerißhun, un wer nich de Pferde-Kaur hat, wie'n Charsetbentürzer, oder wen det Jehirn nich im't Rüben verrunckt is, wer'n Zebrar, det weiß te dunmat demokratischt Jlooben, et weeß och nich de jeuß frisch Schnabblwerg, de koohen, ul man Jebre erst je doch sich det jar beschnitten werren, ehr er in die demotratische Kirchenjemeinschaft uffenommen werren kann. Ne, kruschend, det steht nich! det jeh nich viele rächsert!

Der heilje Jeist der Freiheit is ausjejossen,

wie'n Blig, un hat in de Köppe un in de Herzen injeschlagen, det man Abend so puust! Teufl Ihr, die Spiken von de Soldaten-Helme hat Blizableiter un Heid en nich schirt! Echt mal, hätten nut ja einen die beden vornem Seitenlichter in be Hinterpuppen, de krusche der Freiheitsjeist im ut beme dubbelt et sich janz unitig in die Köppe. Ul sag Euch, et sun ziehn dier alle milichriche Paulasse jo Bausatze jemorren, und wenn je jegt son Urmesührten jegen'? Volk führen, —

da wären die Musketens doch schmälig rückwärts schießen!

Un denn sollse mal Ener det lange Schaafschichte sehn, det de hochjeehrte Herr Kommandeur machen würre! Denn bot hätt sehr, die Herrschaften mit de Jepoken un baden Alle Breiter un't Rept.

je größer det Eplett, testo dicker det Brett!

En Jeneral un Oberbefehlschaung-Kommandeur hat nu ziesilge eigene Sehle, vos'n Ihr nu unterscheidet sich vornem Ochse? Bloß durch die Jenoblheit, vornem sug so loosen. Diese Sorte is blind schieren, wie'n junger Hund, un jeht blind vos de Blig, wie'n ausschießemde Undernau! Diese Sorte hat nischt jeleren un kann nischt vorjelen. Der Herz is in Jaman un innen Kopp hat de Schappernatel! Vor wechtele Bärinß nimmt ju de Maul voll, vor de Franzojen hat de ja Höschen voll. Wenn de mal von Eueren Kartoffel-Krieg jestebert hat, denn hält de'n allen Bücher vor vorn Hans jegen sich, un sie schießen vor ganz Sieger, so deß sie den Boorbretrassy seier uf de Nachmulije sept, un damit ju Bette jeht. Diese selige Sorte denkt, wenn de de Säbel schießen läßt, denn ul Böte ab! Was ihr? Aber

det is en jämmerlicher Scheerenschleiferjloobe!

Ju Wheräsche is et, det heißt, et is in Ihr derbel. Schlachten dieht die scharfschießliche Säbel, aber venn sie'n Haiß abschneiden, det is ene Frage! Un det is jar keene Frage mich mehr!

Also, Kinder, bloß nit mir, ju testo schießen so: Bange machen jelt nich! Un Salzjeweischer Schmauchant taugt et nich, un de jeege Schmauß och nich. Nur mich änglich? sagt der Haßn ut's Pfeisenkopp. Mit Kartoffeln un Jrütze brauchen vor mich nich ju probjantiren, daver det Heiß jeregt. Aber

mit Zustimmung verprobjantiret Euch!

Ihr Abkorn meine Prifilegium, det hat seine Benurlaiße von Eure Souveränität, mit die Eure Ochsenniß von Eure Prifilezije un Bierzekeüg un Böret jerunnen. Det is de Hauptsache. Mit'n Jeißt habt Ihr jar je jedügt, und mit de Bürstliche Jemalt, wo'n Jeißt mäkt Ihr Vaten Soß verlogen un befeeligen. Last Euch nich je friehen, kennen Berro, od je Kirochen nich, denem Abzug, od hebbdnd von Abzug der übeßhärige Mäkel, —ferne Beleiung, nich mit de Mame! Immer ut'n Boßen, immer vos Kräfige, morsch Wort ul jefidet Bangert vor Euch, immer, vos's Rath haßt, njanmten un be brimählsche Ronction die Euch jenzeten, jen Preißaußhäfte, ohne Unterschied von Ränse und Zebrikeit, leße uf't Maul jeschhügen, immer so jeheudel, deß bie ausschluß Kammerblie mit't Zähn-Kappern sagt:

Ne, um Jottes willen nich!
Det könnte det Berliner Volk verzürnen!

Det daht euch! det vor't Euch! Aber Kartoffeln un Jrütze daßu et nich!

Zu haben: Mauerstraße 17, 2 Treppen hoch.   Gedruckt bei Julius Sittenfeld in Berlin.

Flugblatt der März-Revolution 1848

Berlin verprobjantire Dir!

dein jroßer Held hat Hunger.
En Zuruf, Ufruf un Anruf von Aujust Buddelmeier,
Dages = Schriftsteller mit'n jroßen Bart

Der Held is doch en dolles Luder! Immer wie Ziethen aus'n Busch, des muß wahr sind! Immer mit'n Theaterkuh, nennt man des! Wenn keen Mensch an nischt Böses nich denkt un janz fidele is, wutsch, kommt mein juter Held, wie't Donnerwetter anjeschossen un brüllt los vonnen jroßes Unjlück, oder von's Vaterland in Gefahr, oder von ins Zeughaus verstochne Soldaten, oder vonnen Staatsstreich mit ne Konter-Revolution, oder so derjleichen. Diesmal aber hat er vor Hunger jebrüllt, un des war wieder en sehr hübschet Jebrülle, uf Tallje, wie der Leitnant sagt, denn wenn Held vonnen Unjlück brüllt, denn trefft et immer nich in, un des is sehre patrejotisch von ihm. Schont dadrum alleene jlob ick nich, deß er'n verstochener Rakzjonär is. Nanu hat er jebrüllt, daß Berlin wird ausjehungert werren, un nu soll mal Ener sehn, ob nich die Bolljong von Himmel rejnen un die Schweine jebraten uf de Straße rumrennen werren! Uff jeden Fall werren die Viktowaaren billig, denn Heldken hat sich veprobjantirt, un wird nächstens 'nen Ausverkoof von Kartoffeln un Jrütze halten.

Nanu aber Spaß aparte. Mit des Aushungern von Berlin, des is en Schwindel; dadervon kommt nischt vor. Ick will zwars nich behaupten, deß Jefsatter Held uns täuschen will; konträr des Jejedeihl, ick bin überzeugt, daß er die Hosen voll hat un sich vor Stänkereien fürchten duht. Aber ick sage man blos: Neffchandellerken, machen Sie mir nich jraulich! Des is Unsinn, wenn Sie's nich übel nehmen. Berlin is ne offenherzige Stadt un dadrum uf's Bombardirtwerren nich injericht. Wenn die Soldaten in Berlin rin wollen, denn werd ihr des Jitter vont Potsdamer Dohr nich aufhalten. Ueberhaupt wäre des och döhrig, des Milletär nich in die Dohre rinlaaßen. Wer in jetzige Zeit wat mit viehsische Jewalt durchsetzen will, des is'n Ochse, un ick würre mir ochsig schämen, wenn der Ochse uf Seiten von die Demokratie wäre. Ne, Kinder, so dumm sind wir nich! Vor diese Art Ochsenstreche jiebt es ja ene besonders prifilogirte Klasse! Laaßt die doch von ihr Prifolejum Jebrauch machen un fuscht ihr nich in't Handwerk. Ick muß Euch überhaupt bitten, daß Ihr mich folgt und meine Worte Jehör jebt, denn sonst schmeiß ick die Perlen vor die Säue, nennt man das. Seht mal, mich is des eenjal, ob 50.000 oder 100.000 Mann um Berlin rum liejen. Kontär des Jejendeihl! Diese Biwacks sind janz propre demokratsche Schulen vor's Milletär; da wird der olle Kommis abjeschliffen un aus jeden Kerl en blanker Demokrate jemacht. Jebt Euch doch man zufrieden, Kinder, un jrämt Euch nich! Schnuppert mal mit de Nase, - riecht et nich in jeden Winkel demokratsch? Jotte doch, det liegt jo in de Luft, Kinder det wird injeathemt, un wer nich ne Pferde-Natur hat, wie'n Charlottenburjer, oder wem det Jehirn nich mit Rüben vernudelt is, wie'n Teltoer, der kricht den demokratschen Glauben, er weeß nich wie. Et jiebt freilich Schaafsköppe, die denken, et muß Jeder erscht jedooft oder jar beschnitten werren, ehr er in die demokratsche Kirchen-jemeinschaft ufjenommen werren kann. Ne, Leutkens, des jlobt nich! Des jeht ville rascher!

Der heilje Jeist der Freiheit is ausjejossen, wie'n Blitz, un hat in de Köppe un in de Herzen injeschlagen, daß man Allens so pufft! Denkt Ihr, die Spitzen von de Soldaten-Helme sind Blitzableiter vor ihm? Jo nich sehn! Seht mal, dadrum sind ja eben die beeden kleenen Seitenlöcher in de Helmspitzen, da kraucht der Freiheitsjeist rin un denn buddelt er sich janz amälig in die Köppe. Ick sag Euch, et sind schon sehr ville milletärsche Saulusse zu Paulusse jeworren, und wenn se jetzt son Armeeköhrken jejen't Volk führten, – da würren die Musketkens doch schmälig rückwärts schießen! Und denn sollte mal Euer des lange Schaafsjesichte sehn, des der hochjeöhrte Herr Kommandeur machen würre! Denn des steht feste, die Herrschaften mit de Epletzen die haben Alle Bretter vor'n Kopp, un je größer det Eplett, testo dicker det Brett!

En Jenral un Oberdodtschießungs-Kommandeur hat ne 3zöllige eichne Bohle vor'n Dätz un unterscheidt sich vonnen Ochsen blos durch die Jewohnheit, zweebeenig zu loofen. Diese Sorte is blind jeboren, wie'n junger Hund, un jeht blind von de Welt, wie ne altersschwache Fledermaus! Diese Sorte hat nischt jeleret un kann nischt verjessen. Ihr Herz is ne Jranate un innen Kopp hat sie Schrappnells! Vor wehrlose Bürjers nimmt se det Maul voll, und vor de Franzosen hat se de Hosen voll. Wenn sie mal nen kleenen Kartoffel-Krieg jeführt hat, denn hält sie'n ollen Blücher vor nen Hund jejen sich, un sich selbsten vor nen jroßen Siejer, so deß sie den Loorbeerkranz sojar uf de Nachtmütze setzt, un damit zu Bette jeht. Diese selbige Sorte denkt, wenn se die Säbels schleifen läßt, denn is die Welt ihre. Aber det is en jämmerlicher Scheerenschleiferjloobe! En Aberjlobe is et, des heeßt, et is en Aber derbei. Schlachten duhn die scharfjeschiffne Säbels, aber wem sie'n Hals abschneiden, des is die Frage! un des is jar keene Frage nich mehr!

Also, Kinder, hört uf mir, un denkt so: Bange machen jelt nich! En stolzjewichster Schnauzbart duht et nich, un de jroße Schnauze och nich. „Nur nich ängstlich!" sagt der Hahn uf'n Pfeifenkopp. Mit Kartoffeln und Jrütze brauchen wir uns nich zu probjantiren, davor hat Held jesorgt. Aber mit Jesinnung verprobjantirt Euch!

Mit äch demokratische Jesinnung, mit des stolze Bewußtsein von Eure Souprämität, mit der klare Erkenntniß von Eure Menschenrechte, mit Bürjerstolz un Bürjertugend. Des is die Hauptsache. Mit'n Jeist müßt Ihr Euren Sieg verfolgen und befestigen. Laaßt Euch nischt jefallen, keenen Bedrug, och den kleensten nich, keenen Abzug, als höchstens den Abzug der überflüssigen Möbel, – keene Beleidijung, nich mit ne Miene! Immer uf'n Posten, immer des kräftige, markje Wort als jefälltes Bangnett vor Euch, immer, wo't Noth duht, uffjetreten un die heimtücksche Reaction die Stirn jewiesen, jede Jroßmäuligkeit, ohne Unterschied des Alters und Jeschlechts, derbe uf't Maul jeschlagen, immer so jehandelt, daß die unsichtbare Kamerille mit Zähneklappern sagt:
Ne, um Jottes willen nich!
Des könnte des Berliner Volk verzürnen!
Des duht noth! des ret't Euch! Aber Kartoffeln un Jrütze duhn et nich!

1. Anmerkungen

1. Der echte Berliner z. B. wird niemals von sich sagen, er sei „Balina", sondern immer „Berlina"; er erkennt an dieser Nuance sofort die Imitation.
2. Goethe, Gespräche mit Eckermann: „Der Dialekt ist doch eigentlich das Element, in welchem die Seele ihren Atem schöpft."
3. Goethe, Äußerung zu Friedrich Förster, 1832.
4. Hans Brendicke „Der Berliner" in „Schriften des Vereins für die Geschichte Berlins" 1895, Heft 32.
5. W. Kiaulehn „Berlin", Biederstein Verlag, München 1976.
6. Zu solchen Mischsprachen rechnet man z. B. das Jiddisch, Neger-Englisch und Rotwelsch.
7. Ehm Welk, „Parkettplatz 23", Verlag von Bruno Henschel, 1949.
8. Willibald Alexis, Pseudonym für Wilhelm Häring (1798–1871), Als Verfasser von Romanen aus der Geschichte Brandenburgs nannte ihn Fontane den „märkischen Walter Scott".
9. Mitgeteilt von Henri Bouché in „Die Hugenotten in Berlin-Brandenburg", Haude & Spenersche Verlagsbuchhandlung, Berlin, 1971.
10. „Die Religionen müssen alle toleriert werden, der Fiscal muß nur das Auge darauf richten, daß keine der anderen Abbruch tue, denn hier muß jeder nach seiner Fasson selig werden." Der Originaltext ist zitiert nach A. F. Schüching, „Charakter Friedrichs II., König von Preußen", Halle 1788.
11. „Deutsch beherrsche ich nicht gut."
12. Karl Gutzkow 1852, zitiert nach J. Hässlin „Berlin", Prestel 1971.
13. Das Hotel, ursprünglich „Gasthof zur Sonne", befand sich Unter den Linden 23. In ihm wohnte im Mai 1778 Goethe bei seinem Berlin-Besuch. Es wurde später umbenannt in „Hôtel de Russie" und diente 1804 der Familie Schiller als Unterkunft.
14. Die Angaben schwanken. Hans Brendicke schreibt: „1685 hatte Berlin noch nicht 20 000 Einwohner, zu denen sich die Schar der 5000 Einwanderer gesellte" [Schriften des Vereins für die Geschichte Berlins Bd. 29 (1892) S. 117 und Bd. 32 (1895) S. 115]. Nach R. Dietrich waren 1685 von 17 500 Einwohnern 4000 Refugiés, d. h. „etwa jeder Vierte war ein eingewanderter Hugenotte" („Berlin und die Hohenzollern" in „Berlin", de Gruyter, Berlin 1960). Nach Hans Ludwig „Altberliner Bilderbogen", Altberliner Verlag Lucie Groszer 1976, war 1700 jeder 8. Berliner ein Franzose. Nach E. Faden wiederum kamen 1700 = 16 Franzosen und 1750 noch 8 Franzosen auf 100 Einwohner.

15. W. Fuchs-Hartmann „Die Berliner Anekdote im 19. Jahrhundert", Schliefenberg Verlag 1931.
16. Max Mechow: „Die Ost- und Westpreußen in Berlin" Berlinische Reminiszenzen No. 48, Haude & Spenersche Verlagsbuchhandlung, Berlin 1976.
17. Die eingewanderten böhmischen Protestanten wurden gesondert in Rixdorf (dem heutigen Neukölln), das außerhalb der Stadt lag, angesiedelt.
18. Nahe der heute noch vorhandenen Jungfernbrücke gab es in der Friedrichsgracht 61 den „Französischen Hof", der den hugenottischen Kaufleuten Blanc und Boyer gehörte und vielen eingewanderten Landsleuten die erste Unterkunft bot. Er verschwand erst 1965 im Zuge der städtischen Neuplanung.
19. Man bezog sich auf das Bibelwort aus dem Buch des Propheten Jesaias: „Laß meine Verjagten bei dir beherbergen, Moab." In „Berlin, wie es ist", 1831, Berlin, W. Natorff u. Co. (Verfasser nicht genannt) heißt es: „Moabit, jene Kolonie, die ihr Entstehen den kunstfleißigen Händen französischer Kolonisten, ihren Namen aber, in einer schlechten Zusammenziehung, dem Spotte verdankt, mit welchem die Bemühungen der ersten Anbauer verhöhnt wurden.
20. Französische Klosterkirche, Klosterstraße 43, später Französischer Dom am Gendarmenmarkt. In ihm befindet sich noch heute ein Hugenotten-Museum.
21. Die Gouvernante des jungen Kronprinzen Friedrich Wilhelm I. war die Französin Frau von Montbail, später hatte sein Vater, der erste preußische König, Friedrich I., für ihn Philippe Rebeur zum Hauslehrer bestimmt. Auch die Erzieher Friedrich II. kamen aus dem Berlin der Hugenotten. Zunächst war es Madame Roucous, dann Duhan de Jandun, der in dem Kronprinzen literarische und künstlerische Seiten weckte. Friedrichs Sekretär in Rheinsberg war Charles Etienne Jordan. Der Hauslehrer Friedrich Wilhelm IV. war Ancillon.
22. „Kritische Betrachtungen über das offizielle Berlin." Schattenriß von Berlin 1788.
23. Wilhelm Spohr „Berliner Anekdoten", Das Neue Berlin-Verlagsgesellschaft 1952.
24. Hans Ludwig: „Altberliner Bilderbogen", Altberliner Verlag L. Groszer, 1976.
25. Zitiert nach R. Augstein „Preußens Friedrich", S. Fischer Verlag, 1968.
26. Friedrich Nicolai, Buchhändler in Berlin, gab auch eine von ihm selbst verfaßte dreibändige „Beschreibung der Königlichen Resi-

denzstädte Berlin und Potsdam" heraus, zweite Aufl., bereits 1786.

27. Das Darmstädter Schloßmuseum und auch das Jagdschloß Grunewald besitzen musizierende Standuhren aus der Zeit um 1770, auf deren Zifferblatt vermerkt ist: *„Conrat Ehrbar à Berlin".*

28. Nach Hans Ludwig gab es 1700 unter den Immigranten z. B. 45 Schuhmacher, 42 Goldschmiede, 41 Schneider, 36 Perückenmacher, 16 Hutmacher, 26 Bäcker, 25 Ärzte („Altberliner Bilderbogen" s. Anm.[24]). Nach einer Mitteilung von W. Pabst veröffentlichten die französischen Verlagsdruckereien nicht nur die Schriften der Akademie, sondern auch literarische Zeitschriften wie *L'Abeille du Parnasse*, sämtliche Werke Friedrichs II., Erstausgaben französischer Autoren, so 1750 die berühmte Erstfassung von Voltaires *Le Siècle de Louis XIV.*, das „Neue Testament Französisch und Deutsch". Johann Georg Rosenberg veröffentlichte im Berliner Verlag von Jean Morino 1786 unter dem Titel *Recueil des Prospects les plus beaux et les plus interessants de Berlin*, eine Sammlung Berliner Ansichten.

29. Es ist nicht richtig, wie M. Curt Lang (Hugenotten in Preußen) berichtet, daß die Refugiés das Weißbier in Brandenburg eingeführt haben. Es war bereits 1575 Hamburger Weizenbier in Berlin bekannt, gebraut jedoch wurde es dort erst ab 1680, und daran mag Landré beteiligt gewesen sein.

30. Zuweilen wird in diesem Zusammenhang auch der Berliner Schauspieler Ludwig Devrient (eigentlich De Vrient) aufgeführt; er war jedoch Holländer.

31. Am Ende des 19. Jahrhunderts waren es allmählich sieben benachbart nebeneinander liegende Etablissements. An der Stelle, an der einstmals diese Gastwirtsunternehmungen lagen, befindet sich heute die Kongreßhalle.

32. „Berlin, wie es ist", 1831, Verlag W. Natroff u. Co., Berlin.

33. S. Fischer-Fabian „Berlin-Evergreen", Ullstein 1960. Auch Pomplun bezeichnet sie als nicht „dotzukriejenden Prototyp der Berliner Madame". K. Pomplun, „Berliner Allerlei", Verlag B. Hessling, Berlin.

34. Felix Henseleit „Berlin à la carte", Haude & Spenersche Verlagsbuchhandlung Berlin 1972.

35. Der Aufruf wurde von dem Minister Graf von der Schulenburg am 18. 10. 1806 verfaßt.

36. Karl August Varnhagen von Ense (1785 bis 1858), preußischer Diplomat und Schriftsteller. „Denkwürdigkeiten des eigenen Lebens."

37. Siehe Alexander Moszkowicz „Das Geheimnis der Sprache", Hoffmann und Campe, Berlin 1920.

38. Nach Edwin Redslob „Vom Römerberg zum Brandenburger Tor", Piper & Co. München, 1957.
39. W. Löschburg „Unter den Linden", Buchverlag „Der Morgen" Berlin.
40. Im Würzburger Raum wird z. B. Schorlemorle (Surlemurle) etymologisch auf den Trinkspruch *toujours l'amour* eines napoleonischen Besatzungsgenerals zurückgeführt. In Erlangen, einer Stadt mit einem immer noch deutlich erkennbaren Hugenottenviertel, nennt die Bevölkerung das Fahrrad, das bei seinem Erscheinen (1813) als Velociped bezeichnet wurde, noch heute ein Flitzepeh.

Als Napoleon in einem deutschen Quartier statt seines gewohnten Weißbrotes graues Schrotbrot vorgesetzt bekam, soll er es abgelehnt haben mit der Bemerkung *„C'est bon pour Nickel"*, es sei gut für Nickel, sein Reitpferd. So wurde das dunkle westfälische Roggengebäck zum Pumpernickel. Es gibt an Stelle dieser Anekdote allerdings noch mehrere Erklärungen für den seltsamen Qualitätsnamen.

Eine spätreifende Sauerkirschenart, die Schattenmorelle, führt ihren Namen auf *chateau* (Schloß) zurück; *moreau* bzw. weiblich *morelle* (braun, dunkel, mohrenfarbig) wird von maurus (der Maure) abgeleitet.

Köhler „Das praktische Gartenbuch", Bertelsmann Verlag, schreibt: „Dieser Kirschensorte ist ihr ins Deutsche verstümmelter Name (*chateau* = Schloß) zum Verhängnis geworden. Seitdem ist sie zur 'Schatten'-Pflanze degradiert worden." Wie berechtigt seine Feststellung ist, zeigt z. B. das entsprechende Zitat aus „Das große Reader Digest Gartenbuch" Bd. II S. 822: „Wie der Name Schattenmorelle sagt, gedeihen sie auch im schattigen Winkel." Vielleicht wirkt bei dieser falschen Wortdeutung auch mit, daß der Nachtschatten im Französischen *la morelle* heißt.

41. Karl Immermann, 1813 zu Gast im Palais des Grafen Wilhelm von Redern, berichtet in seinem Tagebuch (23. V.): „Nebenbei lerne ich die hohe Berliner Aristokratie kennen. Eine Curiosität derselben ist, daß sie jeder Zeit unter sich französisch zu sprechen anfangen. . . aber nach fünf Minuten hört es immer wieder auf und sie verfallen wieder ins ehrliche Deutsch". (Zitat bei Mackowsky „Häuser und Menschen im alten Berlin", Bruno Cassirer Berlin 1923.)
42. David Kalisch „Der gebildete Hausknecht".
43. Zitiert aus Erdmann Graeser „Lemkes Sel. Ww."
44. Hans Ostwald „Der Urberliner", Paul Franke Verlag Berlin.
45. Adolf Glaßbrenner, geb. 1810, gest. 1876 in Berlin. Pseudo-

nym A. Brennglas. Als populärer Satiriker und sozialkritischer Journalist bekämpfte er politische Reaktion und Muckertum. In seiner Schriftenreihe „Berlin wie es ißt und trinkt" kritisiert er in naturalistischen Volksszenen durch Berliner Typen (Dienstmann, Rentier, Nachtwächter, Eckensteher, Gerichtsdiener usw.) Regierung und ihre Organe. Auch dichterisch produktiv. Eingehende Biographie siehe G. Sichelschmidt „Berliner Originale", Rembrandt Verlag Berlin 1974.

46. Ilse Nicolas in „Kreuzberger Impressionen", „Berlinische Reminiszenzen" Bd. 26, Haude & Spenersche Verlagsbuchhandlung Berlin.

47. In Paris spricht man von einem vormals vornehmen Lokal (*Grand Restaurant*), das zur primitiven Kneipe, einer Art Suppenküche geworden ist, es sei zum „*Bouillon*" herabgesunken.

48. Gustav Sichelschmidt „Berliner Originale", Rembrandt Verlag, Berlin 1974.

49. Vergleiche auch Dreikeesehoch für einen kleinen Menschen.

50. Agathe Lasch „Berliner Sprachgeschichte", Reimar-Holbing-Verlag Berlin 1928.

51. Willi Krogmann „Berlin-Brandenburgisches Wörterbuch", Neumünster 1958. Sela, hebräisch, ein in den Psalmen als Musikzeichen in den Ruhepunkten wiederkehrendes Wort. Sprichwörtlich für Amen, Punktum, Schlußdamit.

52. Johann Gottfried Schadow 1764–1850 in Berlin. Neben zahlreichen Zeichnungen und Steindrucken vorwiegend als Bildhauer bekannt durch die Quadriga des Brandenburger Tores, das Denkmal des Grafen von der Mark und der Marmorgruppe der Prinzessin (später Königin) Luise mit ihrer Schwester Friederike.

53. Vergleiche auch Typse für Stenotypistin, Nolle für Nollendorffplatz.

54. Schattenriß von Berlin. „Kritische Betrachtungen über das offizielle Berlin 1788".

55. H. Mackowsky, „Häuser und Menschen im alten Berlin", Bruno Cassirer, Berlin 1923.

56. Im „Zerbrochenen Krug" läßt Kleist Ruprecht sagen, daß er seinem vermeintlichen Rivalen einen Schlag „über'n Detz" versetzt habe.

57. Der Berliner Schriftsteller Wolfdietrich Schnurre nannte eines seiner Hörspiele „Ssäh la wie", wobei der Titel (= *c'est la vie*) bereits durch seine Schreibweise auf die Berliner Situation der einzelnen Szenen hinweist.

58. Fritz Kortner „Aller Tage Abend", Kindler Verlag München 1969.

59. Heinz Küpper, Wörterbuch der Deutschen Umgangssprache,

Classen Verlag GmbH. Hamburg 1955. „Das Brandenburg-Berlinische Wörterbuch" (Berlin 1928) gibt keine etymologische Erklärung.

60. z. B. Wilhelm Franke in seiner Anleitung „So red't der Berliner", arani Verlag GmbH Berlin 1975.

61. Hans Meyer „Der richtige Berliner", Berlin 1925, Kiaulehn-Bearbeitung 1965; Agathe Lasch „Berlinisch", Berlin 1928.

62. Die in Berlin lizensierten Sänftenträger waren vorwiegend arme Franzosen.

63. Der Piemonteser Philippe de Chièze errichtete für den Großen Kurfürsten das später mehrfach veränderte und erweiterte Jagdschloß Glienicke, das alte Potsdamer Stadtschloß und baute den Spree-Oder-Kanal.

64. Vergleiche auch den „Landauer", der gegen Ende des 18. Jahrhunderts von dem Engländer Landow gebaut worden sein soll.

65. Machen se doch keene Sperenzken (= Schwierigkeiten).

66. Bruno H. Bürgel (1875–1914), Berliner Verfasser populärwissenschaftlicher astronomischer Schriften schildert z. B. die Krähen vor seinem Fenster: „Ihre Spezialität ist es, die Futternäpfe der Hofhunde zu inspizieren, in denen nicht selten ein respektabler Knochen mit Lambrequins erbeutet werden kann." „Hundert Tage Sonnenschein", S. 95, Deutscher Verlag 1940.

67. Mitteilung von Gerhard Rose.

68. Dr. Margot Faak, Akademie der Wissenschaften, DDR Berlin.

69. Nach Walter Pabst hat bereits Dante Alighieri am Anfang des 14. Jahrhunderts in De Vulgari Eloquentia auf sprachliche Eigenheiten von Stadtbezirken, insbesondere bei einzelnen Straßenzügen Bolognas, hingewiesen.

70. Nach einer Statistik von 1974 wurden im Stadtbezirk Kreuzberg bei einer Einwohnerzahl von 152 000 bereits 39 000 Ausländer, davon 26 000 Türken, gezählt. 1978 war dort jeder 8. Grundschüler ein Ausländer. 1978 gilt der Bezirk Kreuzberg scherzhaft als die drittgrößte Stadt der Türkei.

71. Zwei Drittel der DDR-Bevölkerung sind Sachsen bzw. Thüringer, was sich auch auf ihre Hauptstadt auswirkt.

Was man „Berliner Schnauze" nennt,
Umschließt manch fremdes Element.
Wer uns nicht mag, ihm sei verziehn,
Soll unbehelligt weiterziehn.
Warum sich auch um ihn bemühn?
Berlin bleibt sowieso Berlin

ISBN 3 87776 4037